W9-BAH-880

Vamos a ordenar / Sorting

Clasificar por tamaño

Sorting by Size

por/by Jennifer L. Marks

CAPSTONE PRESS
a capstone imprint

A+ Books are published by Capstone Press,
1710 Roe Crest Drive, North Mankato, Minnesota 56003.
www.capstonepub.com

Books published by Capstone Press are manufactured with paper
containing at least 10 percent post-consumer waste.

Library of Congress Cataloging-in-Publication Data
Marks, Jennifer, 1979–
 [Sorting by size. Spanish & English]
 Clasificar por tamaño = Sorting by size / por/by Jennifer L. Marks.
   p. cm.—(Vamos a ordenar = Sorting)
 Includes index.
 Summary: "Simple text and color photographs introduce basic concepts of sorting by size—in both English
and Spanish"–Provided by publisher.
 ISBN 978-1-4296-8253-4 (library binding)
 1. Group theory—Juvenile literature. 2. Size perception—Juvenile literature. I. Title. II. Title: Sorting by size.
 QA174.5.M37518 2012
 512'.2—dc23   2011028681

Credits

Strictly Spanish, translation services; Ted Williams, designer; Kathy McColley, bilingual book designer;
   Charlene Deyle, photo researcher; Scott Thoms, photo editor; Kelly Garvin, photo stylist;
   Laura Manthe, production specialist

Photo Credits

Capstone Press/Karon Dubke, cover, 3, 4–5, 6–7, 8, 9, 10, 11, 12–13, 14, 15, 16–17, 18, 19,
   20, 21, 22–23, 24–25 (children)
Corbis/Alan Schein Photography, 24–25 (background); Bettmann, 29
Shutterstock/Alex Hinds; 26; Anita, 27 (dolls)
SuperStock/Ron Brown, 27 (shoes)

Note to Parents, Teachers, and Librarians

The Vamos a ordenar/Sorting set uses color photographs and a nonfiction format to introduce
readers to the key math skill of sorting. *Clasificar por tamaño/Sorting by Size* in English and Spanish
is designed to be read aloud to a pre-reader, or to be read independently by an early reader. Images
and activities encourage mathematical thinking in early readers and listeners. The book encourages
further learning by including the following sections: Table of Contents, Facts about Size, Glossary,
Internet Sites, and Index. Early readers may need assistance using these features.

The author dedicates this book to Mark Sundell of New Ulm, Minnesota.

Printed in the United States of America in North Mankato, Minnesota.
102011   006405CGS12

Table of Contents

Tabla de contenidos

Size It Up!

Check out the different sizes of balls, blocks, and beads. How can we sort them?

¡Clasifica por tamaño!

Mira los diferentes tamaños de pelotas, bloques y cuentas. ¿Cómo puedes clasificarlos?

First, let's put alike things together to make sets. We have a set of beads, a set of blocks, and a set of balls.

Primero, agrupemos las cosas parecidas para hacer conjuntos. Nosotros tenemos un conjunto de cuentas, un conjunto de bloques y un conjunto de pelotas.

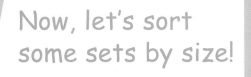

Now, let's sort some sets by size!

¡Ahora clasifiquemos algunos conjuntos según el tamaño!

Big and Small

From big and round to teeny-tiny, beads come in many sizes.

Desde grandes y redondas hasta pequeñísimas, las cuentas vienen en muchos tamaños.

Grandes y pequeños

We can sort them by size. Make a set of small beads and a set of big beads.

Nosotros podemos clasificarlas por tamaño. Haz un conjunto de cuentas pequeñas y otro conjunto de cuentas grandes.

9

Building blocks can be sorted by size too. Try sorting sets of big, medium, and small blocks.

Los bloques para construir también pueden clasificarse por tamaño. Trata de clasificar conjuntos de bloques grandes, medianos y pequeños.

These balls are sorted by size. Which set is big and which is small?

Estas pelotas están clasificadas por tamaño. ¿Qué conjunto es grande y cuál es pequeño?

11

Long and Short

Now let's sort by long and short. Put dolls with long hair on the top shelf. A set of short-haired dolls sits on the bottom shelf.

Largos y cortos

Ahora, clasifiquemos largos y cortos. Coloca las muñecas con cabello largo en el estante de arriba. Un conjunto de muñecas con cabello corto está sentado en el estante de abajo.

Long to short, these pieces of sidewalk chalk are sorted by size.

De largas a cortas, estas tizas están clasificadas según su tamaño.

14

Soft, cozy scarves can be sorted long to short.

Bufandas abrigadas y suaves pueden clasificarse de largas a cortas.

Thick and Thin

Gruesos y delgados

Sorting birthday presents is a fun way to sort by size. You can stack your presents, thick to thin.

Clasificar regalos de cumpleaños es una manera divertida de clasificar por tamaño. Tú puedes apilar los regalos de gruesos a delgados.

Mmmm! Let's sort cookies. Stack the thin cookies in one pile. Put the thick cookies in another.

¡Mmmm! Clasifiquemos galletas. Apilemos galletas delgadas en una pila. Coloquemos las galletas gruesas en otra.

A bunch of books can be sorted by size too. Sort them out, thick to thin.

Un grupo de libros también puede ser clasificado por tamaño. Clasifícalos de gruesos a delgados.

Wide and Narrow

It's fun to doodle and write with markers of all sizes.

Anchos y angostos

Es divertido dibujar y escribir con marcadores de todos los tamaños.

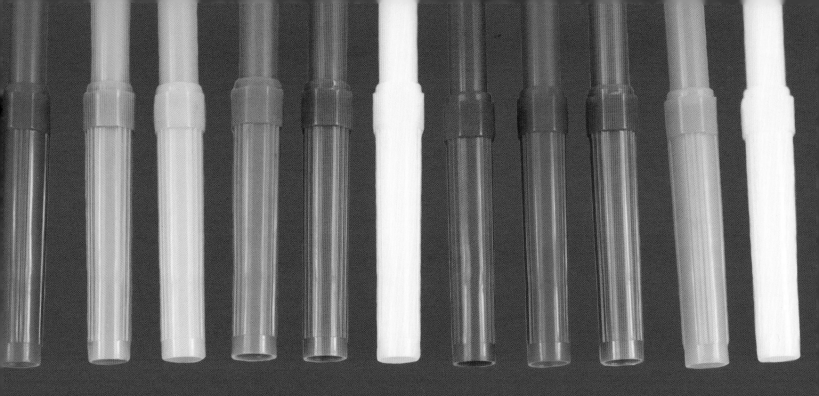

Let's sort them into sets by size, narrow and wide.

Clasifiquémoslos en conjuntos por tamaño, angostos y anchos.

21

Lying this way, the girls have sorted their hair ribbons from wide to narrow.

Al acostarse de esta manera, las niñas clasificaron sus cintas de cabello de anchas a angostas.

Tall and Short

You and your friends are all different heights. Sort yourselves from short to tall!

Altos y bajos

YOU MUST
BE THIS TALL

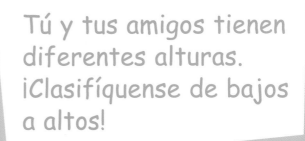

Tú y tus amigos tienen diferentes alturas. ¡Clasifíquense de bajos a altos!

Sorting by Size in the Real World

You can spot sorting in all kinds of places. Let's look at some of the ways people sort by size in the real world.

Tú puedes ver clasificación en todo tipo de lugares. Miremos las maneras en que la gente clasifica por tamaño en el mundo real.

In toolboxes and in hardware stores, you can find nails and screws sorted by size.

En cajas de herramientas y en ferreterías, tú puedes encontrar clavos y tornillos clasificados por tamaño.

Clasificar por tamaño en el mundo real

Toy stores sometimes sort toys by size, like these nesting dolls. They are sorted big to small.

Las jugueterías algunas veces clasifican sus juguetes por tamaño, como estas muñecas rusas. Ellas están clasificadas de grandes a pequeñas.

Bowling alleys sort their shoes by size. Workers can easily find the right size shoe for each bowler.

Las pistas de bowling clasifican sus zapatos por tamaño. Los trabajadores pueden encontrar fácilmente el tamaño correcto para cada jugador de bowling.

Facts about Size

The thickest ice ever recorded is in Antarctica. It measures nearly 3 miles (4.8 kilometers) thick. Antarctica is a continent made up almost entirely of snow and ice.

A Chinese woman named Xhu Haizen is the shortest woman in the world. By age 19, she stood just 2.5 feet (.76 meters) tall.

The smallest mammal in the world is a bat from Thailand. The hog-nosed bat is less than 2 inches (5 centimeters) long. It is smaller than many insects and snails.

The narrowest house in the world is located in Amsterdam, the Netherlands. It is slightly more than 6 feet (1.8 meters) wide.

The Nile River in Egypt is the longest river in the world. It is 4,145 miles (6,671 kilometers) long. The Roe River in Missouri is the shortest river in the world. It is only 200 feet (61 meters) long.

The tallest man ever to live was Robert Pershing Wadlow. Born in 1918, he grew to a height of 8 feet, 11.1 inches (2.7 meters). You can see a life-size bronze statue of Wadlow in his hometown of Alton, Illinois.

Datos sobre tamaño

- El hielo más grueso registrado en la historia está en la Antártida. Es casi 3 millas (4.8 kilómetros) de grosor. La Antártida es un continente hecho casi todo de nieve y hielo.

- Una mujer china llamada Xhu Haizen es la mujer más baja del mundo. A los 19 años, medía sólo 2.5 pies (.76 metros) de alto.

- El mamífero más pequeño del mundo es un murciélago de Tailandia. El murciélago nariz de cerdo mide menos de 2 pulgadas (5 centímetros) de largo. Es más pequeño que varios insectos y caracoles.

- La casa más angosta del mundo está ubicada en Ámsterdam, Países Bajos. Mide un poco más de 6 pies (1.8 metros) de ancho.

- El río Nilo en Egipto es el río más largo del mundo. Mide 4,145 millas (6,671 kilómetros) de largo. El río Roe en Missouri es el río más corto del mundo. Mide sólo 200 pies (61 metros) de largo.

- El hombre más alto que haya vivido fue Robert Pershing Wadlow. Nacido en 1918, él creció hasta una altura de 8 pies, 11.1 pulgadas (2.7 metros). Tú puedes ver una estatua de bronce del tamaño real de Wadlow en su ciudad natal de Alton, Illinois.

Glossary

cozy—soft and comfortable

life-size—the same size as the real thing; a life-size statue of someone is the same size as that person

mammal—a warm-blooded animal with a backbone

medium—middle; something that is a medium size is in between big and small sizes

narrow—not broad or wide

set—a group of alike things

weigh—to have a certain weight; weight is a measurement of how heavy a person or thing is

Internet Sites

FactHound offers a safe, fun way to find Internet sites related to this book. All of the sites on FactHound have been researched by our staff.

Here's all you do:

Visit *www.facthound.com*

Type in this code: 9781429682534

Glosario

abrigada—suave y calentita

angosto—que no es ancho ni amplio

el conjunto—un grupo de cosas parecidas

el mamífero—un animal de sangre caliente con una columna vertebral

mediano—en el medio; algo que es de tamaño mediano está entre el tamaño grande y pequeño

pesar—tener un cierto peso; el peso es una medida de qué pesada es una persona o cosa

el tamaño real—el mismo tamaño que algo real; una estatua de tamaño real de alguien es del mismo tamaño que la persona

Sitios de Internet

FactHound brinda una forma segura y divertida de encontrar sitios de Internet relacionados con este libro. Todos los sitios en FactHound han sido investigados por nuestro personal.

Esto es todo lo que tienes que hacer:

Visita *www.facthound.com*

Ingresa este código: 9781429682534

¡Algo súper divertido! Hay proyectos, juegos y mucho más en www.capstonekids.com

Index

Índice